Bendiciones y Misericordias de la Mañana

Un Devocional de 30 Días sobre el Evangelio Cumpliendo Tu Camino en Su Propósito

By: Tony Mejia

Otros Libros de Tony Mejía y Ingles

1. <u>De Las Calles al Altar</u>
2. <u>El Camino A la Redención</u>

English:
1. <u>From The Streets to The Altar</u>
2. <u>A Journey to Redemption</u>

Libros Español y Ingles Escritos por Heidy Mejía la esposa de Tony Mejía

1. <u>Mas Alla de Mis Heridas</u>
2. <u>El Poder del Perdón</u>

Ingles:
3. <u>Beyond my Wounds</u>
4. <u>The Power of Forgiveness</u>

Bendiciones y Misericordias de la Mañana"

BY; TONY MEJIA

Introducción:

¡Saludos desde un viaje grácil y lleno de propósito hacia la transformación! Comenzamos un viaje sagrado en la tranquilidad de la mañana, justo cuando el sol despierta suavemente la tierra. Este viaje de 30 días explorará favores celestiales, misericordias infinitas y la tremenda influencia del Evangelio en la perspectiva de tu vida.

Descubrimos un lugar sagrado donde el latir de nuestros corazones y las palabras susurradas de la eternidad colisionan en el silencio del amanecer. "Bendiciones y Misericordias de la Mañana" es una invitación a experimentar el Evangelio en vivo y a caminar de cerca con el Salvador, cuyas misericordias se renuevan cada mañana, más que simplemente ser un devocional.

Cada devoción que compartimos en estos 30 días juntos es como una pincelada en el lienzo de tu espíritu, hecha con los colores brillantes de las promesas de Dios, Su dirección y la resplandeciente luminosidad de Su propósito. Este devocional no es solo una lectura diaria; es una conversación celestial, una investigación en la riqueza de tu identidad en Cristo y una iluminación de Su propósito mientras se revela a ti cada día.

Anticipa sentirte elevado, desafiado y transformado. Cada día proporciona una clave para revelar un aspecto diferente de cómo el Evangelio afecta tu camino. "¡Buenos días, Bendiciones y Misericordias!" es un rayo de esperanza que te señala hacia la firme roca del amor de Dios, ya sea que te encuentres viviendo en las sombras de lo desconocido o en la mañana de la alegría.

Permite que el evangelio sea tu compañero constante, que las palabras de este devocional sirvan como tu guía y que la mañana sea tu refugio. Oro para que este viaje de 30 días llene tu vida con la abundancia del favor de Dios, la exquisitez de Su bondad y la confianza firme que proviene de seguir Su plan. Que encuentres la gracia para completar el sendero en Su gloriosa obra de arte cada mañana.

"Saber quién eres en Cristo es un viaje de transformación donde tu identidad encaja con la perfección que Dios te creó para ser". No es simplemente una revelación."

A menudo vemos nuestra imagen física reflejada en el espejo, pero ¿cuántas veces consideramos la imagen de Dios que está dentro de nosotros? Acepte quién eres en Cristo para comenzar nuestro viaje de devoción. No eres una creación accidental; eres una obra de arte llena de propósito, hecha a la exacta semejanza de tu Creador. Eres más que una simple criatura; Dios tiene un propósito para ti. Como un recipiente de Su amor y gracia, estás invitado/a a proclamar Sus alabanzas y a brillar con Su luz en un mundo que necesita esperanza.

Tanto tú como Cristo son coherederos como hijos de Dios, no solo herederos. Tu identidad está conectada con la majestuosidad de Cristo; incluso si compartes Sus penas, participas en Su victoria final.

El procedimiento Es necesario un cambio mental para comprender quién eres en Cristo. Dios te insta a renovar tu pensamiento de acuerdo con Su verdad, a pesar de que el mundo pueda definirte según las normas de otros.

Tu identidad en Cristo es más que una idea; es una vestimenta, un manto de justicia. Recuerda que mientras avanzas en tu camino espiritual, estás cubierto por la gracia de Cristo.

Reflexión:

Hoy, tómate un momento para mirarte en el espejo y ver tu alma, que Dios ha creado con tanto cuidado, así como tu apariencia externa. Al mirarte en el espejo, recuerda que llevas la impresionante impronta de tu Padre Celestial. ¿Cómo influye tu personalidad en cómo ves las dificultades y los triunfos?

Oración:

Señor, abre mis ojos para que pueda ser como tú me ves. Ayúdame en aceptar que me creaste a tu imagen, con hermosura y temor.

Dios creó al ser humano en imagen de sí mismo, en imagen de Dios. Génesis 1:27, NVI

"Despojarse de las cubiertas en tu vida es un acto de debilidad, permitiendo que la verdadera belleza de tu alma salga a la luz y revele el impacto transformador de la gracia de Dios".

Como cristianos, se nos pide que vivimos según las virtudes de Cristo, pero con frecuencia ocultamos quiénes somos realmente. Comencemos ahora a deshacernos de las capas que ocultan nuestro verdadero ser. La máscara del perfeccionismo puede ser difícil de llevar. Seamos conscientes de la libertad que surge al renunciar a la necesidad de perfección y aceptar la gracia de Dios en nuestras imperfecciones.

Muchas veces ocultamos nuestros miedos bajo la apariencia de autopreservación. Examinemos el amor y la habilidad de Dios para eliminar la máscara del miedo. La comparación con frecuencia lleva a usar una máscara, ocultando nuestro ser verdadero detrás de los logros o manifestaciones externas de los demás. Hoy, descubramos la realización de nuestro viaje personal.

Reflexión:

Piense en los atributos mencionados en Colosenses 3:12. Considere las posibles capas o máscaras que hayas agregado inadvertidamente a tu verdadera identidad. Al aceptar tu viaje único, ¿cómo puedes encontrar satisfacción y libertad?

Oración:

Señor, déjame ver las capas que he agregado a mi vida. Dame la fuerza para eliminar todo lo que me impide ver tu imagen de manera auténtica.

Entonces, como pueblo santo y amado por Dios, vístanse de misericordia, bondad, humildad, dulzura y paciencia. NIV: Colosenses 3:12

"La visión del Señor no es solo un plano; es un diseño divino, tejido profundamente en la misma esencia de tu ser, esperando ser revelado a medida que aceptas lo que Dios planeó que fueras".

Incluso antes de que nacieras, Dios tenía un plan para tu vida. Consideremos la seguridad de que fuiste creado con un propósito y la esperanza en las intenciones de Dios. Examinemos la noción de que Dios te creó minuciosamente para un propósito específico hoy. La fe revela el plan de Dios para tu vida.

Examinemos hoy cómo hacer cumplir el plan divino de Dios. Esto requiere fe tanto en Su existencia como en Sus promesas. Dios, el Alfarero, ha moldeado tu vida. Para ser maleable en Sus manos y permitir que te moldee de acuerdo con Su plan divino, se requiere entrega. Vivir según la voluntad de Dios es vivir según Su visión. Examinemos hoy algunas formas en que podemos dar gracias a Dios y vivir cada día en el nombre de Jesús.

Reflexión:

No piense que Dios tiene un plan para tu vida. ¿Cómo cambia tu perspectiva sobre tu misión y el futuro al darse cuenta de esto?

Oración:

"Señor, estoy agradecido/a por tus intenciones para mi vida", dice la oración. Dame esperanza para el futuro que has planeado para mí y ayúdame a confiar en tu propósito, por favor.

El Señor afirma que tiene planes para ustedes, que son de bienestar y no de calamidad, con el fin de brindarles un futuro y una esperanza. Jeremías 29:11, NVI

"El equilibrio de los períodos de crecimiento es un arte que combina la tolerancia con el desarrollo, permitiendo que los cimientos de la sabiduría se profundicen mientras las ramas de tus habilidades se extienden hacia nuevos niveles."

Las estaciones no solo tienen un impacto en la naturaleza, sino también en nuestro desarrollo espiritual y personal. Hoy discutiremos el significado de las estaciones y cómo enriquecen nuestro viaje. La semilla que nos impulsa a través de cada temporada de crecimiento es la perseverancia. Mientras trabajamos para convertirnos en las personas que

Dios ha destinado que seamos, entenderemos el valor de la paciencia. La poda es una parte importante del desarrollo. Reflexionemos sobre cómo Dios nos prepara con delicadeza para dar más frutos en su reino.

A lo largo de las estaciones de crecimiento, puede haber períodos de abundancia y escasez. Reflexionemos hoy sobre las lecciones que aprendimos de estas dos experiencias y cómo nos ayudan a ser felices. El propósito es la transformación de las épocas de desarrollo. Hoy consideraremos cómo cada temporada nos ayuda a crecer en semejanza a Cristo.

Reflexiones:

Considere la fase de la vida en la que estás actualmente. ¿Qué aspectos de transformación y desarrollo estás experimentando?

Oración:

Señor, permíteme reconocer y aceptar la época en la que me encuentro. Mi capacidad de discernimiento me permite identificar el valor que cada estación agrega a mi camino.

Todo tiene un tiempo predeterminado, y cada evento en el cielo tiene su tiempo. En Eclesiastés (NVI), 3:1

"La gracia de Dios crea profundas grietas, convirtiendo la página en blanco de nuestra vida diaria en una obra de salvación increíble, donde cada línea cuenta la historia del amor eterno de Dios."

Por la gracia de Dios, nuestras almas están pintadas con tonos vibrantes de perdón. Consideraremos la extensión del perdón que Su gracia no tiene límites. La gracia de Dios puede cambiar y perdonar. Examinemos la noción de que Su gracia nos transforma en una obra de arte completamente nueva mediante el uso de un pincel. La gracia de Dios demuestra su amor infalible. Consideraremos la artesanía amorosa que se mostró hoy en el acto desinteresado de Jesús.

A medida que llegamos al final, pensamos en el continuo proceso de crecimiento en la gracia de Dios. Su gracia infinita es como un pintor que transforma constantemente nuestras vidas en algo hermoso.

Reflexión:

Imagina una ocasión en la que te sentías perdonado por Dios. ¿Cómo afectó sus relaciones y su vida?

Oracion:

Estoy agradecido/a por tu gracia, que incluye el perdón, señor. Que cada aspecto de mi vida sea impregnado por los tonos de tu misericordia.

La fe les ha permitido ser salvados por gracia, y esto no es su mérito, sino que es un don de Dios. Efesios 2:8, RVR 1960.

ACEPTANDO EL DISEÑO INDIVIDUAL DE DIOS

"Reconocer tu propio patrón distintivo es la gloriosa sumisión al propósito del Creador, aceptando las líneas únicas del corazón que forman el producto final de tu realidad."

Comencemos nuestro viaje devocional reconociendo que eres una obra maestra creada por Dios y perfectamente diseñada para un propósito específico. Tu estilo único es deliberado y se ajusta al propósito de Dios para tu vida. Te crearon a la imagen de Dios. Tu diseño único refleja Sus cualidades divinas, lo que te hace especial y valioso. Dios merece elogio por su creación. Considere el hecho de que eres una obra maestra de Su asombroso trabajo, cuidadosamente elaborado y hermosamente hecho.

Tanto sus habilidades como sus limitaciones contribuyen a su diseño singular. Analizemos la gracia de aceptar ambos, entendiendo que la fortaleza de Cristo se perfecciona en nuestras debilidades. Al llegar al final, recuerda que Dios aún está trabajando en ti. Sigue adelante con seguridad, sabiendo que Él seguirá dando forma y moldeando tu creación única.

Reflexión:

Considere que eres una creación de Dios. ¿Cómo afecta este punto de vista tu perspectiva sobre tu misión?

Oración:

"Padre celestial, estoy agradecido de que me hayas creado con una finalidad." Ayudame a descubrir y llevar a cabo las buenas obras que me has dado.

Todos somos creados por Dios en Cristo Jesús para realizar buenas acciones, las cuales Dios previamente había establecido para que las llevaramos a cabo. Efesios 2:10, NVI

"La fuerza del afecto de Dios no es solo una fuerza; es un gran creador, moldeando tu corazón y dándote forma en la maravilla y compasión para las que fuiste creado a ser."

Hoy podemos explorar el poder del amor de Dios. La acción desinteresada de Cristo en la cruz es un ejemplo de su amor fundamental, que no se basa en nuestro merecimiento. El amor de Dios nos da la identidad que nos da como Sus hijos. Consideraremos la importancia de ser llamados hijos de Dios.

Investigamos cómo Su amor afecta nuestros hábitos mentales. Reflexionemos sobre cómo Su amor impecable puede vencer el miedo. El amor no es solo algo que recibimos; es un catalizador para el amor en nuestras propias vidas. Consideraremos cómo Su amor nos enseña an amar an otros.

Reflexión:

Examine las riquezas del amor de Dios, como se muestra en Romanos 5:8. ¿Cómo ha influido en tu sentido de valor darte cuenta de Su amor por nosotros mientras aún pecábamos?

Oración:

Padre celestial, agradezco tu amor al enviar a Cristo a morir en la cruz. Ayudeme an entender el alcance de tu amor inquebrantable por mí.

Pero Dios demuestra su amor por nosotros en esto: Cristo murió por nosotros a pesar de ser pecadores. - NVI, Romanos 5:8

"En lugar de ser marcas en Cristo, nuestras imperfecciones son oportunidades para Su obra redentora. En lugar de borrar nuestras imperfecciones, Él las redime y utiliza nuestra debilidad para crear una representación de Su gracia."

Inicia tu viaje de devoción reconociendo que la fortaleza de Cristo se muestra en nuestras debilidades e imperfecciones. Considera aceptar la imperfección como una oportunidad para que se manifieste la gracia de Dios. El amor de Dios puede esconder y transformar nuestras imperfecciones. Reflexiona sobre la idea de que el amor actúa como un fuego purificador y nos transforma en vasijas de Su favor. La historia redentora de Cristo nos define, no nuestras fallas. Considere la nueva creación que se produce al darle nuestras imperfecciones.

El arrepentimiento es una estrategia útil para superar las deficiencias. Hoy, medita sobre la gracia de Dios que lleva a la purificación a través de un arrepentimiento genuino. Al terminar esta devoción, recuerda que siempre ganarás sobre tus imperfecciones en Cristo. Considere cuán agradecidos estamos por el hecho de que Cristo tiene la capacidad de mejorar nuestras vidas.

Reflexión:

Encuentra una imperfección o debilidad que te resulta difícil resolver. ¿Cuál sería el papel del poder y la gracia de Dios en ese aspecto?

Oracion:

Estoy agradecido/a por tu abundante gracia, Señor. Ayudame an aceptar mis limitaciones, sabiendo que en ellas tu fuerza se perfecciona.

Pero él me dijo: "Mi gracia es suficiente para ti, porque mi poder se perfecciona en la debilidad". En mis debilidades, me gloriaré más aún, para que el poder de Cristo repose sobre mí. 2 Corintios 12:9, NVI

CÓMO INCORPORAR LA GLORIA DE DIOS EN LA VIDA DIARIA

"Unir la gloria de Dios a la vida cotidiana es una forma de reconocer Su presencia en lo común, convirtiendo momentos ordinarios en un escenario donde Su esplendor produce una obra sorprendente de valor divino."

Reconoce que Dios siempre está presente en tu vida al comenzar tu viaje espiritual. Considere reconocer su belleza en los aspectos cotidianos de tu día. La gratitud te permite incorporar la gloria de Dios y las misericordias del Señor a lo largo de tu día. Agradece todas las bendiciones de la vida. El esplendor de Dios se revela en nuestro amor mutuo. Piensa en cómo puedes mostrar tu amor a todos a tu alrededor.

Al tomar decisiones para integrar Su gloria, busca la sabiduría de Dios. Considere entregarle tus planes hoy y confiar en Su infinito conocimiento. Piensa en cómo puedes esparcir la luz de Dios por todo el mundo. Considere cómo hoy puedes ser amable, generoso y compasivo para difundir Su luz.

Reflexión:

Piensa en una tarea diaria en la que puedas sentir la presencia de Dios de manera consciente. ¿Cómo cambiará tu perspectiva después de aprender esto?

Oración:

Padre celestial, ayúdame siempre a reconocer tu presencia. que pueda sentir tu cercanía y apreciar tu brillo en la vida diaria.

¿En qué lugar podría alejarse de tu Espíritu? ¿En qué lugar podría escapar de tu presencia? Salmo 139:7 (NVI)

"Poner fe en el período de crecimiento designado por Dios es un paso de fe que permite que las semillas potencialmente crezcan en un hermoso jardín creado por Dios."

Inicia tu viaje de reflexión apreciando la belleza que surge del tiempo impecable de Dios. Reflexiona sobre el hecho de que Él está supervisando cada etapa de tu vida actualmente. Se debe mantener optimista mientras se espera. Considere cómo la paciencia y la fe en las promesas de Dios están relacionadas. Ten fe en el plan de desarrollo de Dios para ti.

Medite si sus planes incluyen promesas y un futuro que está fuera de tu alcance. Espere el desarrollo y mantenga la compostura. Considere la relación entre la paciencia y la esperanza mientras permite que Dios actúe. Apártate del deseo de control y confíe en la guía de Dios. Considere poner fin a su conocimiento en favor de Su sabiduría ahora, para que puedas continuar su camino de desarrollo.

Reflexión:

Recuerda cuando estabas ansioso por crecer. ¿Cómo podría estar tranquilo tu corazón si confiaras en el tiempo de Dios?

Oración:

" Gracias, Padre celestial, por tu tiempo divino", dice la oración. Ayúdame a confiar en que todo se volverá hermoso en su momento oportuno, por favor.

A su debido tiempo, ha hecho todo hermoso. Efesés 3:11 (NVI)

"El hermoso brillo del perdón de Dios es como una hermosa ventana de vidrio caído, uniendo lo que está roto con tonalidades de gracia, generando una obra compleja de restauración que refleja el amor infinito de Dios."

Inicia tu viaje espiritual reconociendo que el dolor es frágil. Considere la delicada belleza que puede surgir al entregarle nuestra quebrantarían hoy a Dios. Tiene en cuenta la naturaleza creativa del perdón. Examina la noción de que el perdón de Dios no solo es un regalo, sino también un llamado a compartir esa gracia con los demás. Contiene tonos revitalizantes del perdón divino. Considere la capacidad de la gracia de Dios para sanar las heridas de un corazón quebrantado.

Considere la imagen de redención que representa el perdón de Dios. Considere la gran cantidad de Su gracia que nos salva. Al finalizar esta devoción, reflexiona sobre la acción de la delicada belleza. Considere el perdón, tanto otorgado como recibido se convierte en un ejemplo de la capacidad de Dios para cambiar el mundo hoy.

Reflexión:

Recuerda un momento en tu vida en el que algo se rompió. Si Él la perdonara, ¿cómo podría esa debilidad convertirse en un lienzo para la gracia de Dios?

Oración:

Amado Padre, por favor, crea en mí un corazón recto a pesar de mi dolor. Revítame y que mi perdón sea la base de mi recuperación.

Oh Dios, crea en mí un corazón limpio y renueva mi espíritu recto. Salmo 51:10 (NVI)

"Para desarrollar una mentalidad de gratitud, es como observar un campo de valoración; con cada planta consciente de generosidad, cultivas el terreno de tu corazón, permitiendo que florezcan los frutos de la plenitud."

Gracias por el regalo de hoy es el primer paso en tu viaje espiritual. Pensa en lo hermoso que es el momento actual y piensa en todas las razones por las que puedes estar agradecido/a por ello. Considere la idea de encontrar la felicidad en las cosas pequeñas. Reconoce el poder de Dios en los pequeños detalles de la vida y aprecia las bendiciones menores que con frecuencia pasan desapercibidas. Enfrenta los desafíos con gratitud. Pensa en cómo puedes cambiar tu perspectiva hoy aprendiendo a ser agradecido incluso cuando las cosas son difíciles. Considera el valor de otras personas. Agradece y apoya a alguien en tu vida hoy.

Reflexión:

Investiga las características distintivas de la actualidad. ¿De qué manera podrías ser más consciente de las bendiciones de Dios si desarrollaras una mentalidad de gratitud?

Oracion:

"Padre celestial, estoy agradecido por la bendición de hoy", dice la oración. Permíteme apreciar tu trabajo y apreciar sus oportunidades y belleza.

Nos alegraremos y gozaremos en este día que hizo el Señor. El Salmo 118:24 (ESV) dice

"Durante las dificultades, tener fe en los propósitos de Dios es como encontrar una roca de esperanza en la áspera tormenta de la incertidumbre: una creencia firme que transforma los obstáculos en relatos del destino divino."

Comienza este día de devoción reconociendo que Dios es el Señor. Hoy, afírmate en la promesa de que Su plan finalmente tendrá éxito, incluso cuando las cosas estén difíciles. Tiene como objetivo adquirir una perspectiva más amplia. Reflexiona sobre cómo los caminos de Dios están más allá de nuestra comprensión y ofrecen perspicacia y conocimiento en medio de situaciones difíciles. Considere la posibilidad de confiar en su inmutabilidad.

Pensé en la seguridad que da entender que Cristo nunca cambia y siempre puede confiar en él para proporcionar una base sólida cuando las cosas se ponen difíciles. En tiempos difíciles, aquellos que confían en Dios encuentran seguridad en Su bondad y fidelidad. Al concluir este devocional, esté seguro de su propósito. Considere la promesa de Dios de traer prosperidad, esperanza y seguridad para el futuro, independientemente de las dificultades.

Reflexión:

Imagina una situación que te está dificultando la vida. ¿Cómo puede ser consolador y alentador aceptar la soberanía de Dios?

Oración:

Dios Todopoderoso, estoy agradecido por tu creación omnipotente. Fortalezca mi confianza en tu plan, especialmente en medio de las dificultades, por favor.

"Aunque hay muchos planes en el corazón de los humanos, el plan del Señor es el más importante." - Proverbios 19:21 (Nuevo Testamento)

"Comprender la herramienta personal de Dios dentro de ti es descubrir tus dones espirituales, un regalo sobrenatural que, cuando se descubre, te permite contribuir de manera única a la perfección de la existencia de Dios."

Inicia tu viaje espiritual pensando desde un punto de vista elevado. Considere que Dios actúa de maneras que están fuera de nuestra comprensión. En momentos difíciles, Dios da sabiduría y comprensión. Confia en tu naturaleza inmutable. Hoy, analiza cómo la constancia de Dios brinda una base sólida, especialmente en momentos difíciles. Investiga las formas en que puedes confiar en la bondad y la constancia de Dios.

A través de las pruebas, poner tu fe en Dios te da refugio en Su protección y en cómo Cristo nunca ha cambiado. Considere cómo la constancia de Cristo sirve como un ancla, proporcionando una base sólida cuando las cosas se ponen difíciles. Al finalizar esta devoción, piense en lo confiable que es su intención. Considere la promesa de Dios de brindar seguridad, esperanza y prosperidad para el futuro, a pesar de los desafíos que puedas encontrar hoy.

Reflexión:

Recuerda una lucha actual en tu vida. ¿Cómo puede entregar el control a la perspectiva superior de Dios para darte claridad y paz en medio de los desafíos?

Oración:

Dios Todopoderoso, permíteme ver tus caminos. Ayúdame a confiar en tu sabiduría, especialmente cuando no puedo comprender completamente las circunstancias.

El Señor declara: "Mis pensamientos no son vuestros pensamientos, ni vuestros caminos mis caminos". Isaías 55:8

"Tus encuentros con Dios tienen un impacto en la vida de otras personas, de la misma manera que las reflexiones se expanden. A medida que profundizas en la fe, las olas de Su gracia generan una corriente transformadora que atrae a las personas hacia la Fuente de un amor interminable."

Al comenzar este viaje espiritual, reconoce que tus interacciones con Dios te hacen un testimonio vivo. Considere cómo puedes mostrar la bondad de Dios an otros a través de tu vida. Pensa en la gran felicidad que obtienes de tus encuentros con Dios. Imagina cómo la felicidad y la paz que experimentas hoy pueden ayudar a las personas a tu alrededor.

Examine los resultados de la empatía y la compasión basadas en tus encuentros con Dios, así como cómo el perdón de Dios en tu propia vida puede fomentar la compasión y la compasión en tus relaciones interpersonales ahora. Pense en cómo cambiar tus relaciones con otras personas para reflejar la perspectiva de Cristo podría tener un impacto revolucionario. Al finalizar esta devoción, piense en el amor que emana de tus encuentros con Dios. Considere cómo el afecto que Él te da puede fluir y tener un impacto en la vida de las personas que te rodean hoy.

Reflexión:

Vuelve a un encuentro reciente con Dios. ¿De qué maneras podrían tus acciones y disposiciones iluminar Su luz para las personas que te rodean?

Oración:

Señor, concede que mi vida sirva como un recordatorio constante de Tu bondad. Por favor, ayúdame a iluminarte en una acción que te exalte.

"Que así alumbre vuestra luz delante de los hombres, para que vean vuestras buenas obras y glorifiquen a vuestro Padre que está en los cielos." - Mateo 5:16 (NVI)

"Con la dirección del Espíritu Santo, la humanidad se convierte en un sendero iluminado donde cada acción está llena de un significado divino, y el camino más allá se aclara mediante una iluminación de sabiduría eterna."

Reconoce el don del Espíritu Santo como tu guía celestial al comenzar esta devoción. la promesa de que Dios Padre enviará al Espíritu Santo para enseñarte y fortalecer tu sabiduría. Que el poder del

Espíritu Santo ilumina la verdad. Considere cómo el Espíritu te ayuda a comprender mejor la verdad de Dios. Observa el susurro sereno del Espíritu Santo.

¿De qué manera Dios se comunica contigo con frecuencia en momentos de soledad? Acompañándote con una mano suave y el Espíritu Santo como tu propio consejero personal. Considere cómo la Palabra de Dios contiene sabiduría y cómo el Espíritu trabaja para darte la sabiduría hoy. Cuando termines esta devoción, presta mucha atención a poner tu confianza en el Espíritu Santo para que te guíe. Considere la promesa de que hoy, guiado por el Espíritu, la Palabra de Dios iluminará tu camino.

Reflexión:

Recuerda una decisión que tomó recientemente o una situación en la que solicitó consejo. ¿Cómo puedes encontrar consuelo y seguridad al aceptar la guía del Espíritu Santo como tu mentor celestial?

Oración:

Pido al Espíritu Santo que me guie. Enséñame e infórmame con el conocimiento proporcionado en la Palabra de Dios mientras tomo decisiones en la vida.

Pero el Consolador, el Espíritu Santo, que el Padre enviará en mi nombre, les enseñará todo y les hará recordar todo lo que les he dicho. Juan 14:26 (CSV)

"Al tomar decisiones, es una conversación intencional con Dios, pidiendo Su guía para iluminar un área llena de confusión y crear un camino que siga la dirección de Su propósito perfecto."

Da a Dios el control total sobre tu proceso de toma de decisiones para comenzar esta devoción. Considere la libertad que viene al poner tu fe en la sabiduría de Dios en lugar de la sabiduría de tu propio corazón. Considere la confiabilidad de la guía divina. Hoy, considera la promesa de que el Señor, en Su amor, da consejo e instrucción an aquellos que lo piden.

Analiza el valor de la paciencia en la toma de decisiones. Considera la importancia de confiar en Dios para recibir orientación y conocer el momento adecuado hoy. Considere la recomendación de usar la oración para determinar la voluntad de Dios. Concéntrate ahora en cómo buscar la sabiduría de Dios puede ayudarlo a tomar mejores decisiones. Al finalizar esta devoción, concentra tu atención en la omnipresencia de Dios. En este momento, evalua la confianza que te mantiene avanzando incluso en medio de la incertidumbre.

Reflexión:

Vuelve an una decisión que debes tomar en este momento. ¿Cómo podría surgir la tranquilidad y la confianza al confiar el proceso a Dios?

Oración:

Padre celestial, te doy la sabiduría necesaria para tomar esta decisión. Me guía en mis acciones y me indica el camino correcto.

Confia en el Señor con todo tu corazón y no en tu mente. Él te guiará en todas tus rutas y te ayudará an avanzar. Los Proverbios, capítulos 3:5–6 (NVI).

"Crear un estilo de vida de oración es como crear un lugar de refugio para el ser interior, donde cada encuentro con Dios desarrolla un hilo invisible que fluye a través de la estructura de tus días, conectando momentos de amor y paz."

Dios te invita an orar y establecer una conexión con Él en el transcurso de tu vida diaria. Reflexiona sobre lo hermoso que es estar hoy con Dios y tener una conversación significativa con él. Acepta la invitación constante de orar. Considere cómo hablar con Dios todos los días puede cambiar tu vida hoy. Investiga el efecto de la oración ferviente.

Considere la promesa de Dios de escuchar y responder a las súplicas genuinas de Sus hijos. Considere la seguridad que da buscar la voluntad de Dios a través de la oración. Concéntrate hoy en cómo tu fe en Sus respuestas se fortalece cuando tus peticiones están alineadas con Sus propósitos. Recuerda lo alegre que es expresar gratitud en la oración al finalizar esta devoción. Pensa en cómo la apreciación puede mejorar tu vida durante tus conversaciones con Dios

Reflexión:

vuelve an un momento en el que la oración parecía auténtica y única. ¿Cómo puedes mejorar tu relación con Dios aceptando la oración como una petición?

Oración:

Estoy agradecido por tener la capacidad de orar, Padre celestial. Permita que mi corazón se impregne de tu invitación para que pueda mantener una comunicación constante contigo.

Preservar la oración y observar con agradecimiento. Colosenses 4:2 (NVI)

"El perdón es una tapicería hermosa que se teje cuidadosamente a lo largo del plan de Dios. Cada acto de reconciliación y perdón es una etapa en el camino divino que demuestra la capacidad transformadora del amor en Su plan exquisito."

Para comenzar esta devoción, afírmate en la premisa del perdón de Dios. Considere cuánto perdón de Dios te ha dado en Cristo. Reflexiona sobre el aspecto interdependiente de la absolución. Ahora considera cómo liberar perdón va de la mano con el perdón.

Descubre la libertad que viene al soltar. Observa la ingravidez que resulta de perdonar a otros, así como el Señor te perdonó a ti, hoy. Considera los efectos terapéuticos del perdón. Hoy, reflexiona sobre la sanación mental y espiritual que proviene de perdonarte a ti mismo y a los demás. Al llegar al final de esta devoción, considera el perdón como una expresión del amor de Dios. Piensa en cómo el perdón de Dios refleja cuánto te ama.

Reflexión:

Recuerda un momento en el que te sentías perdonado por Dios. ¿Cómo podría inspirarte a mostrar gracia a los demás al comprender la base de Su perdón?

Oración:

Dios Todopoderoso, estoy agradecido por el perdón de Cristo. Gracias por permitir que el poder transformador de compartir esa gracia con otras personas pueda entrar en mi corazón.

En lugar de eso, sean compasivos y amables unos con otros, y perdónense mutuamente, tal como Dios los perdonó a ustedes en Cristo. Efesios 4:32 (NVI)

"El arte de alinear tu corazón con las maravillosas obras de Dios es seguir Su plan todos los días. Cada paso que das en este viaje planificado se convierte en una pincelada, pintando un cuadro de obediencia y significado en el lienzo que es tu vida."

Comienza esta devoción aceptando que cada amanecer es una ocasión para buscar la voluntad de Dios. La emoción de alinear tus acciones con Su plan debe ser vista. Observa el poder de un corazón dedicado. Al dar al Señor el control de todos tus esfuerzos y permitir que Él haga tus planes hoy, experimentas una sensación de libertad. Examine la posibilidad de orar por direcciones. Considere que Dios escucha las súplicas sinceras.

Considere lo importante que es seguir la Palabra de Dios. Hoy, considera cómo seguir Su voluntad requiere que sus actividades se alineen con Sus instrucciones. La conclusión de esta devoción es confiar en el tiempo de Dios. Incluye la promesa de que la espera en el Señor ofrece un camino claro y una fuerza renovada.

Reflexión:

Establezca un hábito cada día para organizar tu día. ¿De qué manera podría tener un propósito constante al buscar deliberadamente la voluntad de Dios?

Oración:

Al comenzar este nuevo día, Padre celestial, por favor guíame y dirige mi corazón. Que cada momento sea vivido en la búsqueda de tu voluntad.

"Confía con todo tu corazón en el Señor y no te apoyes en tu propia mente; reconócelo en todos tus caminos y él enderezará tus veredas". Los Proverbios, capítulos 3:5–6 (NVI).

"Afrontar el camino por delante con alegría no implica la ausencia de problemas, sino la presencia de una actitud de gratitud que convierte cada giro, sin importar cuán accidentado sea, en un acto de fe, un triunfo del Señor que te guía a lo largo de tu camino de propósito."

Acepta la invitación a llevar una vida feliz para comenzar esta devoción. Considere la seguridad de que Dios te muestra el camino y te invita a caminarlo con alegría. Acepta el consejo de aceptar la alegría del presente. Pensa en cómo puedes cambiar tu punto de vista hoy al elegir alegrarse del día que el Señor ha hecho. Examina el concepto de felicidad cuando te enfrentas a las dificultades. Incluso en situaciones difíciles, la alegría tiene la capacidad de transformar.

Evalua los efectos de compartir la felicidad con otros. Observa cómo tener un corazón alegre y saludable para ti mismo y los demás. Al terminar esta devoción, se describe la felicidad eterna que solo se puede alcanzar a través de la presencia de Dios. Considere que Él tiene una alegría eterna.

Reflexión:

Recuerda un momento reciente en el que te sentías feliz. ¿Cómo podría influir adoptar una perspectiva optimista en cómo te acercas al viaje que tienes por delante?

Oración:

Padre Todopoderoso, estoy muy agradecido por tener la oportunidad de vivir mi vida con alegría. Que la alegría que se encuentra a mi alrededor llene mis ojos y pueda afectar mi camino.

Me enseñarás el camino de la vida; en tu compañía hay alegría plena; en tu mano derecha, felicidad eterna. El Salmo 16:11 según RVR1960.

"Cómo la fe impacta el resultado de tu vida es el poder oculto que transforma las pruebas en posibilidades, los fracasos en recuperaciones y las dudas en una experiencia de revelación sobrenatural; un testimonio de la notable fortaleza que proviene de confiar en lo que Dios promete."

Aprende sobre el fundamento de la fe antes de comenzar esta devoción. Considere cómo la fe es la base de un viaje transformador. Al terminar esta devoción, piense en cómo la fe puede cambiar las cosas. Aprecia las maravillosas oportunidades que la fe te presenta en este momento. Analiza cómo la fe influye en tu capacidad para tomar decisiones.

Considere cómo tu fe en el Señor influye en tus elecciones de hoy. Considere cómo la fe puede ayudarlo a superar el miedo. Aprenda cómo la confianza en las promesas de Dios te hace valiente y elimina el miedo hoy. Considere la perspectiva transformadora que la fe ofrece ante los obstáculos. Considere cómo cambia tu respuesta cuando vives por la fe.

Reflexión:

Recuerda una vez que la fe era importante. ¿Cuál fue el impacto de confiar en lo invisible en el resultado?

Oración:

"Padre fiel, construyo mi camino sólidamente sobre la piedra de la fe". Que mi fe en tus promesas influya en los resultados que experimento.

La fe se define como la certeza de lo que se espera y la convicción de lo que no se ve, según Hebreos 11:1.

"Servir a los demás en el amor de Dios es como una sinfonía compasiva en la que cada nota desinteresada se combina con la melodía de la gracia celestial. Cuando damos, nos asemejamos al alma del Señor que nos amó primero."

Al comenzar esta devoción, examina tus sentimientos para servir. Reflexiona sobre cómo Jesús, el epítome del amor vino a servir a los hombres en lugar de ser servido por los hombres. El poder del amor se estudia para inspirar el servicio. Hoy, reflexiona sobre cómo servir an otros con una completa devoción a Dios puede convertirse en un acto de amor. Aprenda a disfrutar del servicio gratuito. Observa la alegría que llega tanto al que da como al que recibe hoy, así como el poder transformador de dar con alegría.

Incluye acciones de compasión. Cuando te vistes con las virtudes de la bondad, la paciencia, la humildad, la gentileza y la compasión, pensar en cómo servir an otros se convierten en una experiencia diferente. Al final de esta devoción, concentre su atención en dar testimonio del amor de Dios. Considere la gran influencia que puedes tener en las personas hoy, mostrándoles el amor de Cristo.

Reflexiona:

Recuerda un momento en tu vida en el que el servicio desinteresado de alguien te conmovió. ¿En qué medida su comportamiento reflejó las intenciones de Cristo?

Oración:

"Querido Padre, por favor, muéstrame el amor y la humildad que Jesús demostró en su servicio". Su ejemplo me inspira a servir a los demás con empatía.

El Hijo del Hombre no llegó para ser servido, sino para servir y sacrificar su vida para salvar a muchos. Marcos 10:45

"Reflexionar sobre la lealtad de Dios es como leer las páginas de un libro lleno de promesas inquebrantables. Su lealtad se muestra en cada capítulo, y la unión con Dios crea el resultado final, que representa tu corazón agradecido en la historia de tu vida."

Para comenzar esta devoción, investiga los principios de la fidelidad de Dios. Considere hoy la promesa de que Dios es fiel e interminable y que su amor no tiene límites. Observa la lealtad de Dios a lo largo del año. Considere cómo Sus misericordias y amor, que se renovan cada mañana, te ayudan an atravesar las estaciones cambiantes de la vida.

Analiza la naturaleza eterna de Dios. Considera diariamente la perseverancia de Su lealtad, que se basa en la certeza de que Jesucristo nunca se equivoca. Investiga tus propias experiencias con la fidelidad de Dios. Pensa en cómo la reflexión de tu vida sobre Sus asombrosos logros puede servir como testimonio de Su magnífica gloria hoy. Al terminar esta devoción, tiene la intención de dejar un legado leal. Examina la certeza de que aquellos que confían en el Señor serán fortalecidos y protegidos por Su fidelidad.

Reflexión:

Recuerda un momento en el que te diste cuenta de la fidelidad de Dios. ¿De qué manera Su perseverancia sirvió como base para tu viaje espiritual?

Oración:

Querido Dios, fijo mis pensamientos firmemente en Tu amor inalterable. Que los fundamentos de tu lealtad influyan en mis acciones y perspectiva.

Tu amor inmenso, Señor, alcanza los cielos; tu lealtad alcanza las nubes. Salmo 36:5 (NVI)

"El resultado de tu transformación es el impacto de la gracia de Dios en el mundo. A medida que aceptas el cambio que Él está creando en tu interior, alentando an otros a buscar su propia alegría brillante, los recordatorios constantes de Su amor se construyen en una estructura de luz."

Examina la idea de la metamorfosis al comienzo de esta devoción. Considera la oportunidad de transformarte ahora al replantear y salir de los patrones de este mundo. Observa cómo eres un ejemplo vivo de la actividad transformadora de Dios. Piensa en cómo este proceso de llegar a ser semejante a Él lleva consigo un resplandor creciente que afecta a todos a tu alrededor en este momento.

Examina cómo afecta el cambio las relaciones. En este momento, considera cómo tu relación con los demás ha cambiado como resultado de ser una nueva creación en Cristo. Considere cómo tu fe ha afectado las cosas en el trabajo. Considere cómo tu dedicación a servir al Señor afecta a los demás y el entorno de tu vida laboral en la actualidad. Al finalizar esta devoción, piense en cómo ha afectado tu cambio a los demás. Pensa en cómo tu vida puede cambiar para que sea una luz que honre a tu Padre celestial hoy.

Reflexión:

Recuerda un momento en el que tu vida experimentó cambios significativos. ¿Cuál fue el impacto de la renovación mental en su perspectiva y toma de decisiones?

Oración:

Dios, me renuevo y me entrego a tu poder de transformación. Que tu voluntad buena, agradable y perfecta se regenere en mi pensamiento a diario.

Deja atrás tus caminos antiguos y permite que tu mente se transforme para transformarte. Entonces podrás distinguir la voluntad de Dios, que es su voluntad buena, agradable y perfecta. Biblia: Romanos 12:2 (NVI)

"El arte de llevar una vida impulsada por el propósito es alinear tus metas con las pinceladas celestiales de Dios. Tu camino se convierte en una obra de arte con cada paso deliberado que das, dando testimonio de la profunda belleza que surge al cumplir la razón por la cual fuiste creada de manera especial."

Esta devoción comienza discutiendo la idea de descubrir el propósito de Dios. Reflexiona sobre el hecho de que Dios tiene planes intencionales para tu vida, llenos de esperanza y un futuro prometedor. Analiza las formas en que puedes vivir de acuerdo con lo que Dios quiere que hagas. Hoy, analiza cómo seguir Su justicia y reino es la base para una vida motivada por el propósito. Analiza cómo el propósito influye en las decisiones que tomas todos los días.

Considere cómo puedes entregar tus objetivos y esfuerzos al Señor hoy. Intenta comprender las dificultades. Hoy, considera cómo Dios sigue operando en tu vida para tu beneficio y Su propósito, incluso cuando las cosas son difíciles. Considere dejar un legado con propósito al finalizar esta devoción. Evalua cómo vivir una vida orientada hacia Jesús puede convertirse en el objetivo hoy, teniendo un impacto tanto en el presente como en el futuro.

Reflexión:

Regresar an un momento en el que experimentaste una sensación de orientación. ¿Cómo se relacionó esa experiencia con los objetivos de Dios para tu vida?

Oración:

Padre celestial, por favor, explícame tu estrategia para mi vida. Permíteme ver los planes que has hecho para mí, planes llenos de promesas y un futuro.

El Señor afirma que conoce a fondo los planes que tiene para ellos, que son de bienestar en lugar de calamidad, con el objetivo de brindarles un futuro y una esperanza. Jeremías 29:11, NVI

"Encontrar a Dios en la vida cotidiana es como reconocer un lugar sagrado en lo común, donde cada momento se convierte en una oportunidad para la iluminación divina, y todo a nuestro alrededor se convierte en una asombrosa representación de la presencia de Dios".

Comienza esta devoción reflexionando sobre la cercanía de Dios en nuestra vida diaria. Hoy, reflexiona sobre cómo Dios está siempre presente y esperando ser encontrado en los eventos cotidianos de la vida. Imagina cuánto se preocupa Dios por los detalles de tu vida. Piensa en cuánto de tu día está bajo Su amorosa y atenta supervisión hoy.

Investiga y busca la dirección de Dios para las decisiones que toma diariamente. Ten en cuenta que Dios te observa cuidadosamente y te da consejo y dirección. Recuerda cómo experimentó la paz de Dios cuando enfrentó los desafíos. Considere cómo la oración a Dios proporciona una tranquilidad que está más allá de la comprensión en este momento. Al finalizar esta devoción, presta atención a cómo Dios está afectando a la comunidad. Considere la certeza de que Dios está presente en los grupos cristianos, dando oportunidades a las personas para encontrarlo a través de los demás.

Reflexión:

Considere un momento reciente en el que te sentías cerca de Dios. ¿Cómo ha influido Su presencia en tu percepción de lo cotidiano?

Oración:

Dios todopoderoso, permiteme sentir tu presencia incluso en situaciones cotidianas. que pueda invocarte genuinamente y sentir que estás presente conmigo en cada circunstancia.

El Señor está cerca de aquellos que lo llaman con sinceridad. El Salmo 145:18 según la NVI.

"Reconocer las innumerables bendiciones de Dios es una forma de acción de gracias; cada respiración de gratitud vierte un esquema de gratitud en un rincón de tu corazón, formando una imagen de gracia abundante."

El devocional de hoy comienza hablando sobre la idea de ser agradecido. Considere la bondad y el amor inmutables de Dios hoy; deberían motivarte an agradecer. Observa las bendiciones que puedes encontrar en las circunstancias del día a día. Pense en cómo cada regalo bueno e impecable hoy refleja el carácter inmutable de Dios. Evalua el regalo más significativo de la redención.

Aprecia el principal beneficio de la vida eterna a través de Cristo hoy y la gratitud que produce. Considere los beneficios de superar dificultades. Hoy, reflexiona sobre cómo Dios trabaja para el bienestar de aquellos que lo aman a pesar de las dificultades. Al finalizar este devocional, concentre su atención en desarrollar un estado de ánimo agradecido. Considere presentar tus peticiones a Dios con gratitud.

Reflexión:

Recuerda una ocasión reciente en la que te sentías agradecido con Dios. ¿Cuál es el impacto de darte cuenta de Su bondad en tu perspectiva?

Oración:

Dios Todopoderoso, que mi corazón se vuelva agradecido. Expreso mi gratitud por tu amor inquebrantable y amabilidad, que me rodean cada día.

Alabad al Señor, ya que es bondadoso y su misericordia dura para siempre. El Salmo 107:1 en la NVI.

"En este mundo oscuro, yo soy luz. En la oscuridad, brilla con amor, compasión y fe inquebrantable. Tu brillo tiene la capacidad de ahuyentar la tristeza y dirigir an otros hacia la inagotable fuente de luz."

Al comenzar este devocional, considere la invitación a ser luz en el mundo. Considere la afirmación de que eres la luz del mundo y medítalo. Pensa en cómo comenzó la luz. Hoy, considera cómo caminar en la luz de Jesús, la luz del mundo, te ayudará a disipar la oscuridad que rodea a ti.

Enfócate en la convicción de que tienes la luz de Cristo dentro de ti, suficiente para expulsar la oscuridad. Acepta la invitación a ponerte en alto y brillar. Reflexiona sobre cómo tu luz hoy ilumina la majestuosidad del Señor y irradia a todos en tu entorno. Concéntrate en vivir tu luz después de terminar este devocional. Considere cómo tus buenas acciones honran a Dios al servir como una manifestación exterior de tu luz interior.

Reflexión:

Piensa en un momento en el que la luz de otra persona te afectó. ¿De qué manera tu vida podría servir de inspiración para otros?

Oración:

Querido Dios, ayúdame an aceptar mi deber de ser una luz en el mundo. Que tu luz brille brillantemente dentro de mí, disipando todas las sombras y brindando esperanza.

Eres el esplendor del mundo. Una ciudad en lo alto de un monte no se puede ocultar. Además, en lugar de encender una lámpara y colocarla debajo de un cesto, la colocan en un lugar elevado, lo que permite que la lámpara ilumine toda la casa. Mateo 5:1; NVI

"Cumplir tu propósito más profundo en Cristo es un juramento sagrado para sincronizar los deseos de tu corazón con Su plan divino, no simplemente una búsqueda. En este baile armónico, tu pasión se convierte en una sinfonía, exaltando al Único que planeó todos tus deseos."

Comencemos nuestra discusión hoy con la idea de revivir la pasión de Cristo. Considere estas cosas como una motivación para encontrar alegría en el Señor y una garantía de que Él cumplirá los deseos de tu corazón. El origen de la verdadera pasión se encuentra en la búsqueda del reino de Dios. Concentre su atención en cómo perseguir lo que es justo ante Dios conduce a la realización y a más bendiciones.

Analiza la intensa búsqueda de la santidad. Analiza cómo se relaciona el llamado a la santidad en tu comportamiento actual con tu mayor deseo por Cristo. Considere el descubrimiento de su llamado especial en Cristo. Reflexiona sobre cómo el diseño y la planificación de Dios revelan un propósito único para ti hoy, encendiendo tu entusiasmo. Considere el concepto de pasión desbordante al finalizar esta devoción. Observa cómo existe hoy la relación entre la felicidad, la tranquilidad y la esperanza abundante que surge de una fe ferviente en Cristo.

Reflexión:

Pensa en una época en la que tu amor por Cristo era muy intenso. ¿Cómo podrías volver a despertar ese amor y entusiasmo por Él?

Oración:

Dios amable, encienda mi llama de pasión dentro. Que la fuente de mi alegría en ti sea la satisfacción de los deseos de mi corazón.

Además, confía en Jehová, y él cumplirá las demandas de tu corazón. El Salmo 37:4 (RV60).

Al llegar al final de nuestro estudio de "Bendiciones y Misericordias Mañana: Cumpliendo tu Camino en Su Propósito", nos queda un profundo sentido de agradecimiento, misericordias que nunca terminan y el sagrado ritmo del propósito divino. Nuestras vidas son las páginas de este viaje, que se desarrolla como una novela magistralmente escrita con cada amanecer ofreciendo una nueva oportunidad para caminar de la mano con Dios.

Los Salmos están llenos de vislumbres del corazón de David. "Daré gracias al Señor a causa de su justicia; cantaré salmos al nombre del Señor Altísimo" (Salmo 7:17, énfasis añadido). Los salmos de David eran una canción de agradecimiento, una representación poética de un corazón consciente de los regalos que encontraba cada mañana. Al concluir, llevamos el espíritu de David, listos para bailar en el amanecer, confesando la santidad de nuestro Creador.

Abrazamos la fe de Abraham: el tipo de fe que, confiando en las promesas de Dios, avanza hacia lo desconocido. "Por la fe Abraham, al ser llamado para ir a un lugar que más tarde recibiría como herencia, obedeció y fue, aunque no sabía a dónde iba" (Hebreos 11:8, énfasis añadido). Caminar cada mañana siguiendo los pasos de Abraham, creyendo que cada paso que damos nos acerca a la herencia del divino plan de Dios, es cómo caminamos en Su propósito.

María es vista aceptando bendiciones con humildad en su corazón. "Pero el mensajero de Dios le dijo: 'No temas, María; has hallado gracia delante de Dios'" (Lucas 1:30). María tuvo un momento de favor y amabilidad celestial cuando se encontró con el ángel Gabriel. Al igual que María, permanecemos en el favor de Dios y estamos preparados para aceptar las gracias que fluyen como un arroyo calmante con cada amanecer. En la misma línea, nuestra conclusión reconoce esto.

Podemos compararlo con la historia del samaritano que regresó para agradecer a Dios por su curación. "'¿No fueron diez los que fueron limpiados?' Jesús preguntó. ¿Dónde están los otros nueve? ¿Este extranjero es el único que ha vuelto para dar gracias a Dios?" (Lucas 17-18). Nuestro viaje hacia Su objetivo implica adoptar la actitud agradecida del samaritano, que es devolver el favor de reconocer las gracias y bondades de la mañana.

La resolución es consistente con las afirmaciones de fuerte intención de Pablo. "Pero una cosa hago: olvidando lo que queda atrás y esforzándome hacia lo que está delante, prosigo hacia la meta para ganar el premio que Dios me ha llamado a alcanzar en Cristo Jesús" (Filipenses 3:13). Pablo nos inspira con su dedicación inquebrantable a vivir una vida valiosa y su búsqueda implacable de sus objetivos. Prometemos caminar en Su propósito con una determinación centrada hacia adelante y dejar atrás las sombras del pasado al finalizar.

Vemos que el camino que Jesús mismo allanó para nosotros es uno de sumisión, agradecimiento y vida intencional. Las palabras "Muy de madrugada, cuando todavía estaba oscuro, Jesús se levantó, salió de la casa y se fue a un lugar solitario, donde oraba" (Marcos 1:35) resuenan en nuestra conciencia. Siguiendo los pasos de Jesús, nuestras mañanas se convierten en un retiro sagrado, un espacio tranquilo donde nos comunicamos con lo divino.

Entendemos que es solo un comienzo en lugar del fin de la eternidad. Cada amanecer, cada favor y cada acto de amabilidad se convierten en pinceladas en la magnífica pintura que es nuestra vida. Enfrentamos el futuro con las palmas abiertas para aceptar las misericordias, un corazón sintonizado con las melodías de la gratitud y pies alineados con Su intención.

Nuestra resolución de vivir una vida llena de misericordias y beneficios matutinos no es solo una contemplación. Es una promesa de despertar con los ojos abiertos para ver las misericordias que se están revelando, un corazón sintonizado con los susurros de la gratitud y acciones en línea con Su plan. Como resultado, el final es realmente un comienzo, el comienzo de una vida profundamente entrelazada con la historia divina.

Los personajes de la gratitud de David, la confianza de Abraham, la humildad de María, el agradecimiento del samaritano, la vida intencional de Pablo y el ejemplo de Jesús son llevados a las mañanas que nos esperan mientras se cierra el telón de nuestra investigación. Al final, nos regocijaremos por los regalos de la mañana, daremos gracias por las suaves misericordias de Dios y avanzaremos con determinación hacia el camino que Él ha preparado para nosotros. Saludamos cada nuevo día con corazones llenos de agradecimiento, ojos fijos en Sus promesas y una determinación llena de propósito. Es un día lleno de Sus beneficios, misericordias abundantes y la realización de Su propósito divino en nuestras vidas.

Cada paso que damos es una nota en una sinfonía celestial, una parte magnífica del tejido de la vida. Nuestra caminata es una danza sagrada de agradecimiento, confianza y entrega; es un viaje perfectamente entrelazado en el plan que el Creador ha diseñado. Nuestros corazones están llenos del eco de Sus promesas mientras recorremos este trayecto, y nos reconfortamos con la certeza de que cada paso es evidencia de que Su plan se está cumpliendo.

La gratitud es una elección de estilo de vida además de un sentimiento. Es un aspecto fundamental de nuestra caminata. Es el reconocimiento de los muchos beneficios que nos rodean. Se nos anima a "Dadle gracias y bendecid su nombre; entrad por sus puertas con acción de gracias, y a sus atrios con alabanza" (Salmo 100:4). La gratitud se convierte en la puerta que se abre para mostrar la profundidad de Su propósito para nuestras vidas, permitiéndonos entrar en el amplio sendero de Su propósito.

Incluso en las horas más oscuras, la lámpara de la fe ilumina nuestro camino mientras viajamos. "La fe es la certeza de lo que se espera, la convicción de lo que no se ve", según Hebreos 11:1. Atravesamos la región de lo invisible, creyendo que Sus promesas proporcionan una base sólida sobre la cual pararnos. Incluso en situaciones donde el camino por delante parece poco claro, la fe sirve como la brújula que nos señala en la dirección de Su plan.

Rendirse es una fuente de fortaleza en lugar de una señal de debilidad en nuestro viaje. Proverbios 3:5-6 nos dice: "Confía en el Señor con todo tu corazón y no te apoyes en tu propia comprensión; reconócelo en todos tus caminos, y él enderezará tus veredas". Renunciar al control y permitir que el plan perfecto de Dios nos guíe es lo que significa rendirse conscientemente. Descubrimos que Su plan se vuelve claro y lleno de propósito cuando nos rendimos.

Cada mañana sirve como un lienzo para la imagen llena de gracia que es creada por Sus favores. Se nos recuerda en Lamentaciones 3:22–23: "Las misericordias del Señor no tienen fin, ni se agotan sus bondades. Nuevas son cada mañana; ¡grande es tu fidelidad!" Los dones de la mañana sirven como un preámbulo al día significativo que se avecina, siendo un recordatorio de que las misericordias de Dios no terminan al amanecer y una invitación a llevar a cabo Su voluntad en cada instante que estamos despiertos.

Isaías 30:21 afirma: "Si te desvías a la derecha o a la izquierda, tus oídos oirán a tus espaldas una palabra que dice: 'Este es el camino; caminad por él.'" Este es nuestro llamado a la obediencia mientras buscamos Su propósito. En lugar de ser un camino estrecho, la obediencia es una puerta que se abre a la inmensidad de Su plan. Nuestra caminata se convierte en un monumento a la elegancia de alinear nuestros pasos con Su dirección celestial mientras prestamos atención a Su voz.

Hay estaciones de espera y estaciones de floración en el jardín que es nuestra vida. "Todo tiene su tiempo, y todo lo que se quiere debajo del cielo tiene su hora", según Eclesiastés 3:1. Nuestra caminata en Su plan reconoce que la espera es un tiempo de preparación en lugar de estancamiento. Cuando esperamos pacientemente, descubrimos que Él tiene el tiempo perfecto y que es Él quien orquesta cada temporada de florecimiento.

Nuestra caminata es un baile grupal en lugar de una excursión solitaria. El poder de la comunidad se destaca en Eclesiastés 4:9–10, donde se dice que "dos son mejor que uno, porque obtienen más fruto de su esfuerzo. Si alguno de ellos cae, el otro lo levanta." Caminar con otros peregrinos brinda a nuestra travesía más resiliencia y aliento. Nos animamos mutuamente mientras compartimos las alegrías y dificultades de cumplir Su propósito.

La tenacidad de Pablo nos sirve de luz y nos anima a soportar las dificultades. Él dice en 2 Timoteo 4:7: "He peleado la buena batalla, he terminado la carrera, he guardado la fe". Aunque haya obstáculos en nuestro camino, la perseverancia nos da la fuerza de voluntad para seguir adelante. Cada paso sirve como testimonio de la persistencia de la fe y el logro de Su plan.

Cuando mantenemos nuestra mirada fija en lo eterno, nuestra caminata adquiere un nuevo significado. Pablo nos exhorta en Colosenses 3:2 a "poner la mira en las cosas de arriba, no en las de la tierra". Este punto de vista eterno sirve como un faro que señala el camino hacia metas celestiales. Descubrimos lo sagrado en lo ordinario; vislumbramos lo eterno en lo temporal, y nuestra caminata se convierte en un viaje sublime más allá del espacio y el tiempo.

Entendemos que esta reflexión sobre caminar en Su plan es solo el comienzo en lugar de el final. Cada comentario dicho y cada verso leído sirve como un llamado para comenzar la siguiente fase de nuestra vida con un nuevo sentido de propósito. Nuestro camino es una historia que nunca termina, un relato de agradecimiento, fe, rendición, dones matutinos, obediencia, paciencia, compañerismo y una perspectiva eterna.

Que cada paso sea un baile, cada amanecer una ocasión para celebrar y cada acción realizada con intención sea una nota en la orquesta de Su diseño perfecto. Al llegar al final, tejamos estos pensamientos en la trama de nuestros días, caminando en Su propósito con los ojos puestos en Sus promesas, un corazón sintonizado con Su guía y pasos en línea con el patrón eterno que Él ha planeado.

La invitación a acercarnos al Divino y caminar de la mano con el creador del universo resuena en la suave llamada presente en los altibajos de la vida. En lugar de la perfección, este camino se caracteriza por un deseo genuino de conocer y ser conocido por Aquel que meticulosamente diseñó cada hebra de nuestra existencia.

La invitación a estar más cerca de Dios es un susurro suave que nos invita a establecer un vínculo más fuerte en lugar de ser una orden. Esta promesa se encuentra en Santiago 4:8: "Acercaos a Dios, y él se acercará a vosotros". Esta seguridad de que el Creador de galaxias se inclina cuando nos acercamos a Él resuena en los pasadizos de nuestros corazones.

El alma conversa con su Creador a través de la oración. Filipenses 4:6-7 nos dice: "No se inquieten por nada; más bien, en toda ocasión, con oración y ruego, presenten sus peticiones a Dios y denle gracias. Y la paz de Dios, que sobrepasa todo entendimiento, cuidará sus corazones y sus pensamientos en Cristo Jesús". Descubrimos un refugio donde las ansiedades desaparecen y la

serenidad se convierte en nuestra compañera
constante cuando oramos.

En medio del ruido de la vida, los momentos de
silencio son apreciados. Se nos insta suavemente a
"quedarnos quietos y saber que yo soy Dios" en
Salmo 46:10. Tenemos un contacto profundo con lo
Divino en la tranquila soledad, recibiendo consuelo,
claridad y una nueva conciencia de Su presencia.

La creación se convierte en un lienzo en el que
las huellas dactilares de Dios se ven claramente.
Según Romanos 1:20, "Porque desde la creación del
mundo, sus atributos invisibles, su eterno poder y
divinidad, se perciben claramente a través de lo que
fue creado". Experimentamos la destreza del
Creador en el baile del sol y el susurro de las hojas,
lo que nos acerca a Su corazón.

El amor inquebrantable de Dios se retrata en
Sofonías 3:17, que dice: "El Señor tu Dios está en
medio de ti, poderoso para salvarte; se regocijará
sobre ti con alegría, callará de amor, se regocijará
sobre ti con cánticos". Descubrimos aceptación,
expiación y un amor que está más allá de nuestra
comprensión en el calor de Su afecto.

Es inevitable que enfrentemos pruebas y
tribulaciones, pero cuando las enfrentamos con fe,
se convierten en escalones en lugar de obstáculos.
Recuerda que Santiago 1:2–4 dice: "Hermanos
míos, considérense muy dichosos cuando tengan
que enfrentarse con diversas pruebas, pues ya saben
que la prueba de su fe produce constancia. Y la
constancia debe llevar a su obra completa, para que
sean perfectos e íntegros, sin que les falte nada".

Nuestra religión se encuentra en un entorno escolar creado por la adversidad. Según Romanos 5:3-5, "Y no solo esto, sino que también nos gloriamos en las tribulaciones, porque sabemos que la tribulación produce paciencia; la paciencia, prueba; la prueba, esperanza. Y la esperanza no nos defrauda, porque Dios ha derramado su amor en nuestro corazón por el Espíritu Santo que nos ha dado".

El don inmerecido de la gracia se enfatiza en Efesios 2:8–9: "Porque por gracia ustedes han sido salvados mediante la fe". Además, esto no proviene de ustedes, sino que es el regalo de Dios y no es el resultado de obras, para que nadie se gloríe. Su gracia nos rodea en nuestros momentos de debilidad, asegurándonos que somos amados sin medida.

El sufrimiento se convierte en un signo de nuestra lealtad y la presencia constante de Dios. Hebreos 10:23 nos da aliento, diciendo: "Mantengámonos firmes sin fluctuar en la esperanza que profesamos, porque fiel es el que hizo la promesa". Nuestra tenacidad crea una sinfonía que resuena en el cielo, un reflejo de Su constancia.

El Espíritu Santo se convierte en nuestro espíritu consolador y guía. Según Juan 14:26, "Pero el Consolador, el Espíritu Santo, a quien el Padre enviará en mi nombre, les enseñará todas las cosas y les hará recordar todo lo que les he dicho". Podemos escuchar al Espíritu Santo guiándonos en los susurros suaves y los toques, acercándonos a la perfecta voluntad de Dios.

La gratitud se convierte en una melodía que alinea nuestros corazones con la frecuencia de Dios. "Estad siempre gozosos; orad sin cesar; dad gracias en todo, porque esta es la voluntad de Dios para con vosotros en Cristo Jesús", es un versículo alentador que se encuentra en 1 Tesalonicenses 5:16–18. La alegría se encuentra en la gratitud, y la alegría sirve como un conducto hacia el corazón de Dios.

En una sociedad donde la crítica es común, elegir el amor se convierte en algo revolucionario. Según Mateo 22:39, "Y el segundo es semejante: Amarás a tu prójimo como a ti mismo". Como un espejo del amor que Dios vierte en nuestras vidas, el amor se convierte en la piedra angular de nuestras conexiones.

1 Juan 1:5 dice: "Este es el mensaje que hemos oído de él y que les anunciamos: Dios es luz y no hay en él nada de oscuridad". Vivir en la luz de Dios implica ser honesto, recto y dedicado a alinear nuestras vidas con Su palabra.

Cuando nos aferramos firmemente a las promesas de Dios, el miedo comienza a desvanecerse. El versículo 41:10 nos dice: "No temas, porque yo estoy contigo; no te desalientes, porque yo soy tu Dios. Te fortaleceré, ciertamente te ayudaré, sí, te sostendré con la diestra de mi justicia". El miedo desaparece en Su presencia y se reemplaza con una confianza firme en Su seguridad.

Renunciar al control es una señal de fe en Aquel que supervisa el universo. Proverbios 3:5–6 nos instruye a "No confíes en tu propio entendimiento; más bien, en todos tus caminos confía en él. Reconócelo en todos tus caminos, y él enderezará tus sendas". Ceder abre la puerta a la alineación divina.

Nuestro himno es Filipenses 3:14, "Sigo avanzando hacia la meta para ganar el premio que Dios ofrece mediante su llamamiento celestial en Cristo Jesús". A pesar de las dificultades, tenemos la vista puesta en la meta, el llamado celestial de Dios, que nos da la fortaleza y la esperanza para seguir adelante.

Permitamos que estas palabras resuenen en las habitaciones mientras consideramos nuestro viaje hacia estar más cerca de Dios.